CATALOGUE

DE

TABLEAUX

ANCIENS

ARRIVANT DE L'ÉTRANGER

Composant le Cabinet de M. R. d'Amsterdam

VENTE

Le Samedi 11 Décembre

Me DELBERGUE-CORMONT, Commissaire-Priseur.

M. DHIOS, Appréciateur.

CATALOGUE

D'UNE JOLIE COLLECTION

DE

TABLEAUX

ANCIENS

Des Écoles Hollandaise, Flamande et Allemande

ARRIVANT DE L'ÉTRANGER

ET COMPOSANT

LE CABINET DE M. R., D'AMSTERDAM

DONT LA VENTE AURA LIEU

HOTEL DES COMMISSAIRES-PRISEURS

Rue Drouot, n° 5

SALLE N° 1

Le Samedi 11 Décembre 1858, à 2 heures précises

Par le ministère de M° **DELBERGUE-CORMONT**, C°-Priseur,
rue de Provence, 8,
Assisté de M. **DHIOS**, Appréciateur, rue Le Peletier, 33,
CHEZ LESQUELS SE DISTRIBUE LE CATALOGUE.

EXPOSITION PUBLIQUE

Le Vendredi 10 Décembre 1858, de midi à 5 heures.

PARIS

RENOU ET MAULDE

IMPRIMEURS DE LA COMPAGNIE DES COMMISSAIRES-PRISEURS
rue de Rivoli, 144.

—

1858

CONDITIONS DE LA VENTE.

Elle sera faite au comptant.

Les acquéreurs paieront, en sus des adjudications, cinq pour cent applicables aux frais de vente.

DÉSIGNATION
DES TABLEAUX

BACKUYSEN (Ludolff).

1 — Marine. Mer agitée sur les côtes de Hollande ; plusieurs navires à pleines voiles combattent la fureur des flots. Sur la droite, entrée d'un port dont on aperçoit le bout de la jetée ; dans le fond, une ville. Tableau d'une grande vigueur : il porte le monograme.

BACKUYSEN (genre de).

2 — Marine : Mer orageuse, avec un vaisseau à voiles et une embarcation de matelots.

BACKUYSEN (genre de).

3 — Mer orageuse : Une barque chargée de cinq pêcheurs vient se briser sur des rochers.

BALEN (Van) et BREUGHELL (Johan).

4 — Allégorie représentant la Terre. Charmante composition animée de jolies figures, nymphes et amours, poissons, canards et autres animaux. Riche paysage orné de fleurs et fruits.

BERGHEM (attribué à Nicolas).

5 — Paysage et animaux : Un berger appuyé sur sa houlette ; près de lui est un chien ; trois vaches et deux chèvres viennent se désaltérer dans une rivière ombragée par un massif d'arbres qu'on voit dans le fond, à droite.

BERKHEYDEN (Job).

6 — Paysage : Site montagneux. Sur le devant est un chemin percé dans des rochers, où l'on voit une dame montée sur un cheval blanc et tenant un faucon ; elle est accompagnée de plusieurs cavaliers.

Ce tableau est d'un faire agréable et d'une savante distribution de lumière.

BLOOT (Pierre de).

7 — Extérieur d'une maison rustique ; des musiciens ambulants sont entourés d'une troupe d'enfants attirés par les sons d'une vielle ; à droite, paysan conduisant un âne ; plus loin, deux pêcheurs au bord d'une rivière ; de l'autre côté de la rive, berger conduisant un troupeau.

BOTH (Jean).

8 — Paysage : Sur le premier plan, au bord du chemin, sont arrêtés deux villageois, dont l'un est assis ; dans le fond, à l'entrée d'une grotte, un homme monté sur un âne ; sur le haut de grands rochers on voit un ancien temple.

BREKELENKAMP (Quirin).

9 — Intérieur de chambre basse : Une femme assise tient un pot sur ses genoux ; près d'elle un jeune garçon mange une espèce de bouillie dans un pot de terre ; derrière lui est une table où l'on voit un plat contenant des moules, du pain, plusieurs pots et autres accessoires ; près de la cheminée sont assis deux vieillards : la femme prend son repas et l'homme fume sa pipe ; sur le devant, une botte de carottes est posée sur un tonneau où est appuyé un balai.

BRAUWER (Adrien).

10 — Deux fumeurs sont assis et causent près d'un tonneau qui leur sert de table.

CAPELLE (Jean-Baptiste Van).

11 — Vue d'une rivière glacée en Hollande, où se divertissent nombre d'habitants : les uns jouent à la crosse, d'autres se promènent en traîneau. Sur le premier plan, près du rivage, une barque est prise dans les glaces.

Belle composition remplie de vérité.

CUYP (Albert).

12 — Cheval dans une écurie.

DAVAUX (M. P.).

13 — Lièvre et canards pendus au-dessus d'une table couverte de gibier. Sur un panier rempli d'oiseaux morts, on lit la signature.

DOES (Jacob Van der).

14 — Vache, moutons et chèvre au repos dans un paysage.

DOW (Gérard).

15 — Un vieillard à longue barbe blanche est assis; un gros volume est posé tout ouvert sur ses genoux; il le feuillette avec beaucoup d'attention : il tient une plume de la main droite.
Ce petit tableau est d'une grande finesse.

DUCQ (Jean le).

16 — Assemblée de personnes dans un intérieur; un cavalier, debout près d'une table servie, mange des huîtres; devant lui, un jeune seigneur assis fume sa pipe en causant avec une jeune femme qui tient son enfant dans ses bras; au milieu d'eux, un jeune couple s'entretient derrière deux hommes, dont l'un est occupé à boire; au milieu de la composition, une femme allaite son enfant qu'elle tient sur ses genoux; près d'elle est un chien qui aboie après plusieurs hommes qui sont près de la cheminée.

ESSEN (C. Van).

17 — Paysage avec cavaliers en partie de chasse.

EVERDINGEN (Albert).

18 — Paysage avec rivière : sur la droite, un tronc d'arbre, près de rochers; au milieu, un villageois joue de la flûte en gardant des animaux; sur la rivière, une barque; dans le fond, on aperçoit un village.

FERG (Franz de Paula).

19 — Devant la porte d'une auberge se tient un marché de bestiaux.
   Jolie composition ornée d'un grand nombre de figures.

FERG (Franz de Paula).

20 — Marché aux chevaux près d'une antique demeure en ruines.
   Belle composition traitée dans la manière de Wouvermans. Pendant du précédent.

GAAL (Bernard).

21 — Paysage avec cavaliers et chasseurs à l'entrée d'un bois.

GOLTZIUS (Hubert).

22 — Jeune femme agenouillée devant une tombe; elle tient un instrument de flagellation d'une main et l'autre est placée sur son cœur.

GUASPRE (Dughet, dit Poussin).

23 — Paysage : sur le premier plan on voit l'ange conduisant Tobie.

GIORDIANO (attribué à Luca).

24 — Léda, entourée d'Amours, reçoit les caresses de Jupiter, qui s'est transformé en cygne pour la séduire.

GLAUBER (Jean).

25 — Paysage boisé, avec cours d'eau et cascades ; sur le devant, deux figures de pêcheurs.

GOYEN (Jean Van).

26 — Paysage marine : à droite, deux vaisseaux à voiles sur le premier plan ; à gauche, une barque de pêcheurs ; plus loin, sur le rivage, plusieurs vaches. Dans le fond, on aperçoit une ville.

GOYEN (Jean Van).

27 — Une tempête ; deux navires viennent se briser sur des rochers.

GRIFFIER (Robert).

28 — Paysage représentant une vue des bords du Rhin. Sur le premier plan, à droite, un groupe de villageois sont arrêtés avec leurs mulets, chargés de tonneaux ; plus haut, sur un coteau planté de vignes, d'autres sont occupés à faire la vendange ; vers la même direction et sur le haut de grands rochers, on voit plusieurs habitations. Le fond du paysage offre une plaine et, dans le lointain, de hautes montagnes qui se perdent dans l'horizon. A gauche, sur le premier plan, la rivière est chargée de bateaux qui chargent des tonneaux qui sont sur le rivage ; plus loin, on voit d'autres barques ; dans le fond, une vieille tour, à laquelle on arrive par un vieux pont.

Ce tableau, qui est orné d'un grand nombre de figures, est, par son fini précieux, une des œuvres remarquables de ce maître.

HALS (François).

29 — Un homme joue sur un pot couvert d'une vessie ; plusieurs enfants, la physionomie riante, l'entourent et paraissent beaucoup s'amuser de ce nouvel instrument.

HEYDEN (attribué à Jean Van der).

30 — Vue d'un village situé au bord d'une rivière, où l'on voit plusieurs barques et un bateau. Composition animée par de jolies figures.

HEYDEN (manière de Jean Van der).

31 — Vue d'un village traversé par une rue. A droite et à gauche, plusieurs maisons construites en briques éclairées par un rayon de soleil.

HOBBEMA (attribué à Meindert).

32 — Paysage traversé par une rivière ; à droite, on voit un moulin à eau qu'un ruisseau fait tourner. A gauche, une habitation ; sur le premier plan, un chemin bordé de grands arbres, et sur lequel un berger conduit un troupeau. Ce tableau est traité dans la manière fine et légère du maître.
Les figures sont attribuées à Adrien Van de Velde.

HOOGH (attribué à Pierre de).

33 — Cour intérieure d'une maison hollandaise. A gauche, une femme donne la main à une petite fille ; dans un corridor est une femme qui se dirige vers le fond, dont la porte laisse voir une seconde cour. Tableau plein de vérité et de nature.

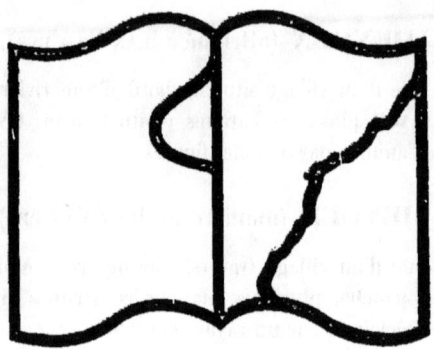
Texte détérioré — reliure défectueuse
NF Z 43-120-11

HUGTENBURG (Jean).

34 — Combat de cavalerie. Sur le premier plan, plusieurs cavaliers se battent à l'arme blanche; sur le sol, plusieurs soldats et chevaux sont étendus morts ou blessés. Dans le fond, on aperçoit un village en feu.
Belle composition.

HUYSUM (Juste Van).

35 — Un vase en verre rempli de fleurs diverses est posé sur une table de marbre.

HUYSUM (Juste Van).

36 — Sur une table en marbre est posé un vase en verre contenant un riche bouquet de fleurs.

JANSON (Jacques).

37 — Vue d'un village de Hollande traversé par une rivière couverte de glace, et sur laquelle on voit de nombreux patineurs.

KLOMP (Albert).

38 — Paysage avec animaux; dans un pâturage plusieurs vaches, moutons et chèvres se reposent près d'un massif d'arbres; plus loin, sur le chemin qui borde la rivière, un cavalier et un piéton passent près de deux pêcheurs; dans le fond on aperçoit le clocher d'un village. Riche composition.

KLOMP (Albert).

39 — Vaches et moutons dans un pâturage.

KLOMP (Albert).

40 — Pendant du précédent, même genre de composition

KNELLER (Godefroy).

41 — Portrait de femme; elle a une cuirasse autour du corps et sa main est posée sur un casque.

DU MÊME.

42 — Portrait d'un gentilhomme, costume du temps de Louis XIV. Pendant du précédent.

KOBEL.

43 — La bataille de Wagram.

KOBELL (Jean).

44 — Sur une colline auprès d'arbres, trois vaches et deux chèvres sont en repos; au bas, coule un ruisseau; plus loin, sur la gauche, riches pâturages avec animaux; dans le lointain un village.

LANGENDYCK (Thierry).

45 — Paysage au bord d'une rivière : cavaliers arrêtés devant la porte d'une auberge; un homme à cheval boit le coup de l'étrier, un garçon donne à boire à un cheval; à côté de lui trois hommes vident un flaçon; à droite une chèvre couchée.

DU MÊME.

46 — Paysage : à droite, près de ruines, deux chevaux

MOUCHERON (Frédérick).

59 — Paysage boisé, avec un cavalier sur le premier plan.

MUSSCHER (Michel de).

60 — Portrait d'un savant vêtu de sa robe de chambre ; il est assis devant une table couverte d'un tapis où est placé un livre ouvert qu'il semble commenter.

DU MÊME.
MAAS (Nicolas).

49 — Intérieur où l'on voit deux jeunes femmes et trois seigneurs qui chantent et jouent de divers instruments.

MAAS (Nicolas).

50 — Portrait d'un gentilhomme.

DU MÊME.

51 — Portrait d'une dame de distinction. Pendant du précédent.

MAAS (Thierry).

52 — Intérieur d'un manége où sont attachés deux chevaux fringants; dans le fond, un piqueur dresse le cheval d'un cavalier.

MARSSEN (Jean).

53 — Attaque de cavalerie.

passe devant ses yeux. — Ce tableau, d'un fini précieux, rappelle les *Œuvres de Gérard Dow*.

MEER (Van der), le jeune.

55 — Paysage : au bas de hautes montagnes coule une rivière que des paysans, accompagnés de bestiaux, traversent sur un bac.

MOLENAER (Nicolas).

56 — Paysage boisé, avec route; à gauche un canal sur lequel sont des embarcations.

MOLENAER (Jean).

57 — Scène d'intérieur : un jeune homme assis sur les genoux d'une femme l'embrasse; d'autres, près d'une servante, les regardent; près de la cheminée, deux fumeurs.

MOOR (le chevalier Charles de).

58 — Portrait d'un amiral hollandais; il est cuirassé et tient un pistolet de la main droite.
Superbe portrait vu à mi-corps.

MOUCHERON (Frédérick).

59 — Paysage boisé, avec un cavalier sur le premier plan.

MUSSCHER (Michel de).

60 — Portrait d'un savant vêtu de sa robe de chambre ; il est assis devant une table couverte d'un tapis où est placé un livre ouvert qu'il semble commenter.

DU MÊME.

61 — Portrait d'une dame de distinction assise dans un fauteuil ; une draperie, qui est placée derrière elle, laisse apercevoir un parc.

NEER (Arthur Van der).

62 — Vue d'un village de Hollande au bord d'une rivière où l'on voit plusieurs barques et un moulin. Effet de clair de lune.

NETSCHER (Constantin).

63 — Jupiter, sous la figure de Diane, séduit Calisto.

DU MÊME.

64 — Enfants de gentilshommes hollandais, sous les figures de Diane et d'Adonis.

OS (Jean Van).

65 — Riche composition de fleurs diverses, posées sur une table en marbre.

DU MÊME.

66 Marine : mer calme ; composition animée de plusieurs vaisseaux et bateaux marchands.

OSTADE (Isack Van).

67 — Intérieur : un paysan, un pot à la main, danse en chantant ; derrière lui, deux enfants suivent l'exemple de ce joyeux buveur ; dans le fond, à droite, quatre hommes sont assis autour d'un tonneau ; l'un chante une chanson qu'il lit, un autre l'accompagne du violon ; dans le fond, d'autres se chauffent près de la cheminée.

FYT (Jean).

68 — Dans un paysage, deux beaux chiens de chasse ; un blanc est assis sur ses pattes de derrière et un gris couché près d'une cage sur laquelle sont deux faucons ; un lièvre et plusieurs oiseaux morts sont près d'eux ; un fusil est appuyé devant un filet derrière lequel sont deux autres chiens qui aboient après un oiseau qui s'envole.

DU MÊME.

69 — Dans un intérieur d'appartement, un chien de chasse vient d'être attaqué par un chat, un autre chien soulève de sa tête une draperie, et regarde avec crainte dans la pièce un chat placé sur une chaise regardant son ennemi les yeux pleins de colère. Par terre sont deux canards morts et un plat contenant des fruits renversés. — Pendant du précédent.

Ces deux tableaux, touchés de main de maître, nous rappellent, par la touche énergique du pinceau, les œuvres de François Sneyders, et par l'heureuse disposition de la composition, les œuvres d'Oudry.

PIAZZETTA (Jean-Baptiste).

70 — Trois hommes et une femme, vus à mi corps, sont réunis autour d'un plat qui contient un met glacé, et, chacun une cuillère à la main, y puisent à leur tour. Expressions riantes et pleines de vérité.

(Ce tableau rappelle les œuvres de J. Jordaens.)

PYNACKER (Adam).

71 — Paysage : deux vaches et une chèvre broutent des plantes qui sont sur leur passage.

REMBRANDT (Van Ryn).

72 — Vieillard lisant : un rayon de lumière vient éclairer sa tête chauve et sa longue barbe blanche. (Esquisse.)

ROMBOUTS (Théodore).

73 — Paysage près d'un moulin ; des bergers gardent des animaux.

ROYEN (Van), signé, 1789.

74 — Une jeune dame dans un parc : elle tient un oiseau à la main ; son costume est celui de la fin du du règne de Louis XVI : grand chapeau dit incroyable ; un fichu en gaze sur les épaules ; sa robe bleue est attachée par de larges rubans.

RUBENS (école de Pierre-Paul).

75 — L'Enfant Jésus et saint Jean dans un paysage.

RUBENS (Pierre-Paul).

76 — Plafond de l'église d'Anvers. Esquisse.

RUYSDAEL (attribué à Jacques).

77 — Paysage boisé : un homme et un jeune garçon marchent sur un chemin qui conduit dans l'intérieur d'un village dont on aperçoit les maisons à travers de grands arbres.

SAFTLEVEN (Herman), signé, 1681.

78 — Paysage avec rochers : sur le premier plan, des voyageurs se reposent près d'un pont de bois.

SAVERY (Roeland), signé.

79 — Vase rempli de fleurs : sur deux roses on voit un papillon et une abeille ; au bas, d'autres insectes. Fini précieux.

SCHOTEL (Johan-Christian)

80 — Marine : Mer agitée, animée de plusieurs vaisseaux à voile et barques de pêcheurs.

SCHUBRUCK, signé, 1656.

81 — Le Baptême d'un Maure ; derrière des rochers escarpés, au bas d'un pont, sont réunis plusieurs personnages et cavaliers qui assistent à cette cérémonie.

SCHWEICKART (Henri-Guillaume), signé.

82 — Rivière glacée ornée de figures de patineurs. Petit tableau très-fin d'exécution.

DU MÊME.

83 — Vaches dans un pâturage, sur les bords d'une rivière. Composition charmante et fini précieux.

SPRINGER (Corneille).

84 — Intérieur de ville.

STEEN (Jean).

85 — Une jeune fille tient un chat par les deux pattes; un garçon lui pince la queue, un troisième joue de la flûte; un vieillard, tenant sa pipe d'une main et un réchaud de l'autre, regarde le supplice de ce pauvre animal d'un air sévère.

Cette scène burlesque est pleine de vérité.

STORK (Abraham).

86 — Vue du bout de la jetée à Amsterdam, où l'on voit plusieurs personnes qui viennent jouir du coup d'œil qu'offre en ce moment la mer; sur le devant, à droite, une barque avec pêcheurs qui déchargent des paniers de poissons; sur la gauche, une chaloupe où sont deux personnages; au milieu, plusieurs bateaux; plus loin un vaisseau de haut bord faisant un salut. Riche composition.

STRY (Jacob Van).

87 — Cavalier dans la campagne.
Ce petit tableau rappelle la manière d'Albert Cuyp.

TERBURG (attribué à GÉRARD).

88 — Une jeune dame, vêtue en robe de satin, est assise devant une table et fait une partie de cartes avec un jeune homme; à droite, une autre dame est debout et semble indiquer du doigt la carte à jouer à son amie.

URSFEIN (manière de BREUGHELL.)

89 — Paysage : sur le premier plan, une femme donne à manger à des canards.

DU MÊME.

90 — Cour de ferme : une femme est occupée à puiser de l'eau dans un puits; à côté sont trois vaches; au milieu, sur un chemin, sont deux chèvres et un homme qui conduit deux chevaux à l'abreuvoir.

Pendant du précédent.

VELDE (GUILLAUME VAN DE).

91 — Une rivière, par un temps calme; sur le devant, deux pêcheurs près de leur chaloupe; à gauche, deux bateaux près du rivage. Sur le deuxième plan, un bac qui vient de transporter du monde et du bétail; au loin, sur la rivière, quelques bateaux.

VELDE (Guillaume Van de), le Vieux.

92 — Marine : mer calme, avec grand nombre de vaisseaux de guerre et plusieurs embarcations ornées d'un grand nombre de figures ; sur le devant, un groupe de soldats font une partie de cartes.

Dessin à la plume d'un fini précieux, sur panneaux.

VELDE (Adrien Van de).

93 — Paysage où l'on voit deux vaches, dont l'une est dans l'eau ; l'autre est appuyée contre un arbre ; un jeune berger se lave les pieds dans le ruisseau ; à ses côtés, un mouton se désaltère ; à droite, chèvre et moutons couchés ; à gauche, un joli bouquet d'arbres ombragent cette composition ; dans le lointain, hautes montagnes.

VELDE (attribué à Van de).

94 — Deux vaches, dans un pâturage, viennent se désaltérer dans une mare d'eau.

VENNE (Adrien Van der), signé.

95 — Une jeune femme, vêtue d'une robe de satin, est assise devant sa toilette ; elle pose une fleur dans ses cheveux.

VERKOLYE (Jean).

95 bis — Une jeune femme, dans un intérieur, chante en s'accompagnant d'une guitare ; derrière est une vieille femme qui fait un signe à un jeune homme caché derrière une draperie.

VERTAGEN (Daniel).

96 — Paysage avec Nymphes et Satyres.
Belle qualité.

VLIEGER (Simon de).

97 — Vue de la plage de Scheveningue, à marée basse; un grand nombre de figures, chariots et barques animent cette composition.

WITHOOS (Alida).

98 — Réunion, dans un paysage, de divers objets de nature morte : palette, têtes d'animaux, un livre ouvert, un globe terrestre, vase contenant des plantes; dans le fond, on aperçoit plusieurs monuments.

WUFFRAAT.

99 — Paysage : un jeune berger, assis sur un baquet, trait une brebis ; plusieurs chèvres sont couchées sur l'herbe; à droite, une haie bordée par des arbres.

WYNANDS (attribué à Jean).

100 — Paysage : à droite une maison; sur la porte est appuyé un villageois; devant lui sont des poules; sur le chemin qui borde cette maison, on voit une femme et son enfant.

Renou et Maulde, imprimeurs de la Compagnie des Commissaires-Priseurs,
rue de Rivoli, 144

www.ingramcontent.com/pod-product-compliance
Lightning Source LLC
Chambersburg PA
CBHW060639050426
42451CB00012B/2680